Les Sisters

La série TV

Les Sisters
La série TV

Interdit aux moins de 12 ans

Adaptation de
François Vodarzac

d'après le scénario de
Pascal Mirleau & Tony Scott

BAMBOO
Jeunesse

D'après la bande dessinée créée par Cazenove & William.

Cet ouvrage est adapté de la série télévisée produite par Samka Productions et Bamboo Production, coécrite par Tony Scott et Pascal Mirleau et réalisée par Luc Vinciguerra.

www.bamboo.fr

116 chemin des Jonchères
71850 CHARNAY-lès-MÂCON
Tél. 03 85 34 99 09 - fax 03 85 34 47 55
Site Web : www.bamboo.fr
E-mail : bamboo@bamboo.fr

1 - Rien à se mettre

Les événements les plus populaires de Pom-les-Bains sont, dans l'ordre, la kermesse des grandes vacances, la fête des voisins, le marché de Noël (avec la venue du père Noël dans sa jolie calèche), le festival de bande dessinée organisé par la médiathèque et le bal de l'été.

Si Wendy traîne des pieds pour se rendre à la kermesse et qu'elle a déserté le marché de Noël depuis pas mal d'années, elle ne louperait le bal de l'été pour rien au monde. Tout ce que Pom-les-Bains compte d'ados populaires se doit d'y être et Wendy ne fait pas exception à la règle.

Mais pour l'instant, pour Wendy, le problème le plus urgent est de trouver quoi se mettre. Le bal est prévu demain et rien, absolument rien, dans son dressing ne lui convient.

— Démodé !... *Has been !...* Et ça… naze de chez naze !... grogne-t-elle en lançant robes, jupes, shorts et tops par la fenêtre.

Les vêtements volent et retombent sur la pelouse, sur les haies, mettant ainsi de nouvelles fleurs colorées un peu partout dans le jardin des Sisters.

Attirée par le bruit de la sélection vestimentaire de sa sœur, Marine brave l'interdit de ne pas entrer dans la chambre de sa sœur et pointe son nez dans l'entrebâillement de la porte.

Wendy a l'air dans une rage folle et, pour une fois, ce n'est pas la faute de Marine. Elle arrache toutes ses fringues des cintres, y jette à peine un œil et les balance derrière elle.

— Ringard !... Nullos !... Minable !... La lose !...

— Qu'est-ce que tu fais, Wendy ? demande Marine en se glissant un peu plus sa frimousse dans la chambre.

Elle avance avec précaution, car elle prend le risque de recevoir un jeans en pleine tête, ou pire, celui de reporter la colère de Wendy sur elle et non sur l'armoire.

— Ça se voit pas ? rétorque sa grande Sister en jetant un combi-short qui était à la mode il y a deux mois, mais qu'elle ne mettrait plus aujourd'hui, même si on l'y obligeait. Je cherche une tenue qui déchire !

— Une tenue qui déchire quoi ? demande naïvement Marine.

Wendy interrompt son tri. Elle regarde sa sœur et se met subitement à rire en la prenant dans ses bras.

Pour Marine, cette fois, c'est sûr, Wendy a un truc qui a grillé dans son cerveau. Il y a une fonction qui ne marche plus.

— T'es trop mignonne, Marine, s'amuse Wendy en embrassant sa Sister et en la soulevant dans les airs. Demain, c'est le grand bal de l'été. Tu sais bien que c'est la teuf la plus cool de l'année ! J'ai hâte d'y être ! Et je veux être la plus belle pour mon Maxence, c'est tout.

Elle repose Marine et redevient soudain grave en contemplant les dizaines de vêtements éparpillés partout dans la chambre.

— Mais le problème, c'est que je n'ai vraiment rien à me mettre… se désespère-t-elle.

Soudain, une petite lumière s'éclaire dans la tête de la tornade à bouclettes. Elle vient de comprendre. Faut dire qu'elle est vachement futée, la petite !

— Aaaah ! Tu veux une nouvelle robe ! Je sais exactement ce qu'il te faut !

Avant que Wendy ne réalise ce qu'il se passe, Marine file dans sa chambre.

Elle se jette sur un énorme catalogue qu'elle a bien dû feuilleter des centaines de fois. À toute vitesse, elle l'ouvre à la page où figure une princesse en robe rose mégakitchissime. Son sourire s'élargit.

— Elle est trop trop joliiiiiie ! minaude-t-elle.

Elle imagine très bien l'effet que les deux Sisters feraient à la fête de l'été, habillées avec la même robe de « Princesse Candy Sucre ». Les gens seraient surpris. C'est vrai qu'à Pom-les-Bains, c'est pas tous les jours qu'on voit de si jolies robes.

Emportant avec elle le catalogue, elle déboule dans la chambre de sa sœur.

— Wendy, regar…

Mais dans la pièce, il n'y a plus personne. Wendy est partie. Il ne reste plus que les fringues inutiles, moches et abandonnées.

Marine se précipite dans le salon, mais Wendy n'y est pas. Pas plus que dans le bureau de Papa.

— T'as pas vu Wendy ?

— Si. Elle vient de sortir pour s'acheter une robe, dit Papa sans relever la tête de sa table à dessin.

— Hein ? Quoi ? Mais…

Sans même refermer la porte, Marine, en colère, file dans l'entrée. Elle chausse ses rollers, enfile son casque. Son catalogue à la main, elle sort dans la rue.

Un coup d'œil à droite, un coup d'œil à gauche, la petite tornade a tôt fait de remarquer sa sœur qui grimpe dans le bus pour le centre-ville. En s'activant sur ses petites roulettes, Marine se lance à la poursuite de l'autocar.

— Wendyyyyyy, atteeeeeends !

Mais agiter un catalogue n'est pas suffisant pour stopper un bus. Heureusement, à la faveur d'une descente, le chauffeur active les freins. Alors Marine accélère de plus belle.

Arrivée à hauteur de la fenêtre de Wendy, elle montre le catalogue à sa sœur. Mais l'ado

ne la calcule même pas. Elle a son casque sur les oreilles, elle pianote sur son smartphone. Des choses bien plus importantes, quoi !

Marine tente le tout pour le tout en faisant des petits sauts pour attirer l'attention de sa sœur. Sauf que bondir avec des rollers aux pieds est presque plus dangereux que d'essayer de chiper le journal intime de Wendy. La tentative, sous peine de finir en jambe cassée, ne donne rien, de toute façon. Wendy est toujours absorbée par ses SMS.

L'autre problème, c'est qu'à Pom-les-Bains, comme dans la plupart des villes d'ailleurs, quand il y a une descente, c'est qu'il y a une montée qui suit tout de suite après. Le chauffeur du bus appuie sur l'accélérateur et le véhicule reprend de la vitesse dans un grognement d'ogre.

Malgré ses efforts, Marine a de trop petites jambes pour ne pas se laisser semer. Et puis, il faut bien l'avouer, elle n'a que des rollers. Et les roulettes sont vachement plus petites que les roues du bus !

2 - Séance de nessayage

Dans sa carrière de vendeuse, Camille a déjà vu des clientes difficiles. Entre celles qui pensent qu'elles peuvent porter une taille 38 mais qui rentrent à peine dans du 44, celles qui veulent le modèle qui est en vente dans un autre magasin, celles qui espèrent une réduction parce que le pull a déjà été essayé et celles qui cherchent le moindre défaut juste pour le plaisir d'être désagréables, Camille a rencontré à peu près tous les types d'enquiquineuses.

Mais là, avec l'ado qui squatte dans la cabine d'essayage, elle tient le pompon. Une championne du monde des casse-pieds ! Depuis une heure et demie, la gamine lui fait sortir tout ce que le magasin compte de robes, de tuniques, de leggings, de jeans… Quand elle a trouvé un pantalon ou une jupe qui semble lui plaire, elle n'arrive pas à se décider pour un t-shirt ou un chemisier qui s'accorde. Et quand elle pense enfin avoir trouvé le top qui lui convient, c'est le reste qui ne va plus.

Si elle ne passait pas autant de temps à prendre soin de sa coiffure, Camille s'arracherait les cheveux.

— Trop long !... Trop court !... Trop moche !... Ah non, j'peux pas mettre ça, c'est trop rouge !... Et puis, c'est nul !... critique l'ado en jetant les fringues dans les bras de Camille.

La gamine sort la tête de la cabine d'essayage, et une fois de plus, elle ne semble pas vraiment contente.

— Pfff ! Vous n'avez rien de plus… enfin de moins… enfin quelque chose qui me plaise ?

— Mademoiselle, vous avez tout essayé. Il ne reste plus que le rayon des chaussettes, si vous voulez ?

— Oooh, fait la gamine, désespérée. Alors ma vie est complètement ruinée…

— Aaah ! T'es là, Wendy ! hurle juste derrière une voix avec un bruit de roulettes.

Camille se retourne et découvre une petite blonde juchée sur des rollers. Elle est en sueur et tend à l'ado un catalogue coloré.

— C'est pas vrai, Marine. Qu'est-ce que tu fais ici ? grogne celle qui s'appelle Wendy.

La gamine bouscule Camille, passe la tête derrière le rideau de la cabine d'essayage et colle le catalogue sous le nez de l'ado.

— Cherche plus ! C'est ça, la robe qu'il te faut.

En voyant sa Sister s'inviter dans sa séance d'essayage très éprouvante, l'ado perd son sang-froid. Elle devient verte de rage, et avec ce teint, c'est sûr, Camille ne trouvera plus aucune couleur qui s'accordera.

— Grrr… Je vais t'atomiser la couenne, gros boulet, hurle Wendy, en essayant d'attraper la blondinette.

La petite prend peur en voyant l'ado se jeter sur elle. Elle recule, se cogne contre la paroi de la cabine, les cintres et les fringues de Wendy qui sont accrochés à une patère dégringolent sur l'ado. En un mouvement rapide comme l'éclair, Wendy bondit les ongles en avant.

— Eh, mais ça va pas dans ta tronche, dit la gamine. Je t'ai rien fait !

La petite évite la furie avec une facilité déconcertante. Elle s'élance sur ses rollers sans se rendre compte qu'un cintre s'est agrippé à son t-shirt et qu'elle emmène avec elle les vêtements de sa sœur.

L'ado, d'abord en colère, puis totalement désespérée, les portes automatiques se refermer sur la tornade à roulettes.

— Attends, Marine, mes fringues…

Sans rien acheter, ni même dire au revoir à la vendeuse, l'ado se lance à la poursuite de la gamine et de ses vêtements.

En tout cas, pour Camille, ça ne fait aucun doute : ce soir, une fois la boutique rangée, c'est décidé, elle remettra sa démission. Elle en a ras la casquette des clientes, surtout comme celle d'aujourd'hui. Elle va prendre ses cliques et ses claques et aller s'installer à la montagne. C'est bien la montagne, non ? Et elle sera sûrement plus heureuse avec des chèvres !

3 - Les nimpératresses du Nunivers

Dans le salon, les vêtements de Wendy traînent à côté des rollers de Marine. La petite tornade est installée dans le canapé et elle tapote sur le clavier d'un ordinateur portable posé sur la table devant elle. Très appliquée, elle surfe sur le site du catalogue à la recherche de la jolie robe qu'elle a choisie. Elle finit par la trouver, et son visage s'éclaire d'un grand sourire. L'article est encore disponible.

Un clic ici, une autorisation par là, voilà qui est fait :

— Deux robes de princesse trop belles ! Livraison en moins d'une heure ! Mission accomplie ! C'est commandé. C'est vraiment trop pratique le nain ternette, constate-t-elle en refermant l'ordinateur.

Mais son moment de bonheur est de courte durée, car la porte d'entrée s'ouvre dans un terrible craquement.

— MARIIIIIIIIIINE ! hurle Wendy, les yeux en dehors de sa tête, les dents en dehors de sa bouche et les ongles en dehors de ses doigts.

Elle pourrait faire vachement peur. D'habitude, d'ailleurs, quand elle est comme ça, elle fait trembler Marine… et les murs de la maison. Mais là, Marine n'a qu'une envie : éclater de rire. Car Wendy est rouge de colère, mais elle est drapée dans le rideau de la cabine d'essayage du magasin du centre commercial. Elle est trop ridicule !

— T'as enfin trouvé un truc qui te plaît, se moque Marine.

— Waaah ! bave Wendy en se jetant sur sa Sister. Je vais te peler comme une orange, espèce de boulet ! T'es partie avec mes fringues, concentré de blonde ! À cause de toi, j'ai traversé la ville en petite culotte dans un rideau ! Je te jure, tu vas avoir chaud à la couenne !

En deux pas, elle est prête à s'emparer de sa sœur, mais Marine se réfugie derrière le canapé. Wendy la poursuit, empêtrée dans son rideau.

— Au secours ! couine Marine.

— Pas la peine de pleurnicher, tu m'échapperas pas, vermine !

Au moment où les griffes de Wendy vont attraper les cheveux de la blondinette, l'arbitre familial intervient.

— Oh, les filles, qu'est-ce qui se passe ? On ne s'entend plus ! fait la voix de Papa.

Un grand rouleau de papier dans la main, Papa sort de son bureau, visiblement agacé d'avoir été dérangé en plein travail. Les deux filles se redressent et, afin d'éviter la colère paternelle, Wendy enlace Marine. Avec un grand sourire hypocrite, elle lui caresse les cheveux et lui fait un petit bisou sur le front. Marine lui jette un regard noir, mais Papa ne remarque rien. Il faut dire qu'il est surpris par tout autre chose :

— Elle est particulière, ta nouvelle robe, Wendy ! Décidément, je ne comprendrai jamais rien à la mode.

Wendy grimace, prête à s'énerver, mais Papa l'interrompt.

— Tadaaaam ! fait-il en déroulant son rouleau de papier. Qu'est-ce que vous dites de ça ? C'est le dessin pour le stand que je vais tenir à la kermesse ! Ce sera une partie du décor d'un parcours électrique sur le thème du terrifiant Docteur Frankenstein.

Sur le poster, un monstre ignoble semble vouloir s'emparer de celui qui le regarde, et ce

n'est sûrement pas pour lui faire des bisous. Il a l'air méchant avec ses coutures, ses boulons qui lui sortent du crâne et ses yeux vides de vie.

— Il y aura un fil électrique tout autour, continue Papa, fier de lui, en mimant le monstre. Le but du jeu sera de ne pas toucher le fil, sinon les yeux de la créature s'allument. C'est pas mégadélire, ça ?

Il attend une réaction des filles qui le regardent d'un air blasé. Puis…

— Euh ouais, ça a l'air génial, lâche Marine ironiquement.

— Trop dingue, j'suis bluffée, continue Wendy sur le même ton.

— Merci, les filles. Je savais que ça vous plairait. Bon, allez, j'ai du travail ! Il faut que je construise la créature. Ça va être d'enfer !

Visiblement heureux, Papa disparaît dans son bureau, emportant la créature pour d'ultimes retouches de maquillage. Marine en profite pour échapper à Wendy.

— En tout cas, qu'il compte pas sur moi pour m'électrocutationner avec son bidule débilos de Frank Lechtaillne. J'préfère aller danser au bal avec toi !

— C'est ça, dans tes rêves, boulet.

Marine file récupérer l'ordinateur portable qu'elle ouvre sous le nez de Wendy.

Sur l'écran, il y a toujours l'image de la robe de princesse rose et kitsch.

— Mais si, continue Marine, sûre d'elle. Regarde ce que je viens de nous commander ! C'est la tenue de l'impératresse-princisse du Tout Nunivers.

Wendy ouvre des yeux ronds en voyant la robe mégahorrible. Ça brille de partout, ça dégouline de dentelles, de frou-frous et de rose bonbon !

— Nan, mais c'est juste trop moche !

— Meuh non, fait Marine. Tu vas voir, on va être trop choupinettes, nous deux, habillées pareil pour aller au bal.

Wendy sent sa mâchoire qui se décroche. Elles vont ressembler à une paire de quiches, là-dedans. Bon, pour Marine, c'est pas grave, mais Wendy, elle, elle a une réputation, une place à tenir dans la société de Pom-les-Bains. Là, c'est la honte assurée. Elle ne pourra pas y survivre, à moins de s'exiler. Vite, il faut qu'elle trouve une solution pour chasser cette idée immonde de la tête de sa Sister.

— Oh Marinou, Marinette ! dit Wendy en se penchant vers la blondinette. Mais tu ne pourras pas aller au bal, je suis désolée. Tu es trop petite ! Tu savais pas ? C'est interdit aux moins de 12 ans !

— Même pas vrai, mentisseuse !

En trois clics, elle fait disparaître le site de commande de robes moches en ligne et va sur le site de la municipalité. L'affiche du bal est en page d'accueil.

— C'est marqué là, pipoteuse ! Le bal est nouvert à tous ! À tous, tu sais lire ? Ça veut dire même à moi ! T'aurais pas comme dans l'idée que tu veux pas que je vienne, Sister pas très gentille ?

— Grrrr, répond Wendy.

Elle développerait bien sa pensée, mais la sonnerie de la porte d'entrée retentit. Marine lâche l'ordinateur sur le canapé et se précipite pour ouvrir. Une paire de grosses mains velues lui tend un carton.

— Mademoiselle Marine, c'est bien ici, font les mains d'une grosse voix.

— Wahou ! C'est les robes de princesse ! Merci m'sieur, se réjouit la blondinette en arrachant le carton de la paire de mains et en claquant la porte.

Wendy a du mal à croire à ce qu'elle voit. Il y a encore à peine une heure, elle cherchait une tenue pour époustoufler son Maxou, et là, devant elle, Marine semble avoir déjà tout manigancé pour lui ruiner sa *life*. Une fois de plus !

— Compte pas sur moi pour mettre une horreur pareille, tu peux tout de suite arrêter de rêver, prévient Wendy en désignant le carton que porte fièrement sa Sister.

— Ah ouais ? menace Marine. Maintenant qu'on a les robes, t'as intérêt à mettre la tienne, parce que je les ai payées avec la carte bleue de Maman.

— Et alors ? Qu'est-ce que tu veux que ça me fasse ?

— Eh ben, je dirai que c'est toi ? Moi, je sais pas m'en servir, j'suis trop petite ! lâche Marine, menaçante.

Wendy blêmit. Cette gamine est décidément une vraie diablesse !

4 - Nespionnage nocturne

— Je nage en plein cauchemar ! Mon père se prend pour Frankenstein et ma débilos de Sister pour l'impératrice Trucmuche de l'univers ! Et le plus flippant, c'est que je vais devoir m'habiller comme elle !

Cela fait plus d'une demi-heure que Wendy est assise sur l'un des bancs du skatepark et qu'elle se plaint. Et cela fait à peu près autant de temps que Maxence l'écoute, la rassure. Elle est parfois un peu *space,* un peu embêtante, un peu colérique. Mais c'est comme ça qu'il l'aime.

— Calme-toi, Wendy, la tempère-t-il de sa voix qui mue. Tu ne crois pas que tu exagères un peu ?

Un éclair sombre passe dans les yeux de sa petite amie. Un éclair qui pourrait le foudroyer en un instant.

— Tu la connais pas ! Elle finit toujours par obtenir ce qu'elle veut. Tu me crois, tu me crois pas, mais elle est… diabolique !

— Ben, t'as juste à refuser de la porter, cette robe, un point c'est tout !

Maxence a toujours des idées stupides. Pour lui, tout est toujours évident. Mais là, il faut avouer qu'il n'a pas tort et que son idée n'est pas si bête que ça. C'est à se demander pourquoi Wendy n'y a pas pensé plus tôt. Le truc à faire, justement, c'est de ne pas se laisser faire. Tout simplement. Et puis, après tout, elle sait être aussi diabolique que sa sœur ! Elle se redresse d'un bond.

— Finie la dictature de la morpionne, ricane-t-elle. Je vais lui montrer, moi, qui c'est la grande Sister !

C'est la nuit que les choses les plus inavouables se passent en général. Et ce que s'apprête à faire Wendy en fait partie. En tout cas, si elle ne veut pas être punie à vie, elle n'a pas intérêt à avouer ce qu'elle entreprend de faire, alors que les lumières s'éteignent une à une, plongeant la maison des Sisters dans l'obscurité.

Dans un silence nocturne épais, Wendy sort de sa chambre avec précaution, sans faire de bruit. Elle pose délicatement ses pieds sur la moquette, une pantoufle après l'autre. Elle

fait attention de ne bousculer aucun bibelot ni de cogner dans quelque chose qui lui ferait pousser un cri qui fendrait la nuit.

Une paire de ciseaux à la main, elle s'introduit doucement dans la chambre de Marine. Elle referme la porte d'un geste appliqué et jette un œil à sa sœur qui dort à poings fermés dans son lit. Puduc' est avachi à côté d'elle, surveillant la pièce de ses yeux aveugles de doudou.

À pas de loup, elle se dirige vers le placard mural, celui qui fait un bruit terrible de gamelles dès qu'on fait glisser une des portes. Déterminée, Wendy l'ouvre avec des gestes appuyés d'une lenteur de tortue.

À l'intérieur du placard, elle trouve sans peine le carton qu'elle s'est juré de faire disparaître. Celui qui contient les robes de princesse.

Elle brandit la paire de ciseaux, prête à faire un carnage dans les tenues immondes, mais soudain trois rayons laser rouges viennent lui bloquer l'accès en émettant un bourdonnement électrique. Aargl ! La peste a même prévu une alarme !

Wendy stoppe son geste avant d'être détectée par les lasers et étouffe un cri de rage.

« Comment je vais bien pouvoir faire pour récupérer ce *%@$£ de carton ! » se dit-elle avec plein d'insultes qui se dessinent dans sa tête.

Il faut croire que quelque part il existe un dieu des voleurs, des cambrioleurs ou des sœurs qui veulent sauver leur honneur, car alors qu'elle s'apprête à tout casser (Wendy n'est pas un modèle de patience, même dans ces moments d'intenses silences), il se passe un événement incroyable. Papa, qui est en train de souder le dernier morceau de métal à son Frankenstein de kermesse, provoque un court-circuit. Il y a un mini arc de lumière éblouissant, suivi immédiatement d'une coupure d'électricité générale !

Les rayons laser de l'alarme vacillent, crépitent un instant, puis s'éteignent.

Wendy retrouve le sourire, sort le carton et lève à nouveau les ciseaux, prête à faire un carnage de haute couture.

Mais il faut croire que le dieu des robes est plus puissant que celui de l'honneur des sœurs, car l'électricité revient quand Papa enclenche le disjoncteur de la maison, provoquant la remise en route de l'alarme alors que Wendy a les mains dans le placard.

Une sirène à faire vriller les oreilles de tout le voisinage se déclenche.

La lumière de la chambre s'allume et une Marine au doigt pointé sur sa sœur se redresse dans son lit :

— Ah ah ! J'en étais sûre !

Wendy repousse vivement le carton au fond du placard alors que Marine coupe la sirène à l'aide d'une télécommande. L'ado réalise alors qu'elle a toujours les ciseaux à la main et elle tente de cacher tant bien que mal l'arme du forfait dans son dos.

— Euh… c'est pas du tout ce que tu crois, hein ! fait-elle, hypocrite. Je voulais juste essayer la robe de princesse ! J'avais tort… En fait, elle est vraiment hyper trop belle !

— Je te crois pas, lâche Marine du haut de son lit.

— Mais si, insiste Wendy, en en rajoutant un max dans le côté faux-jeton. J'te jure… j'avais mal regardé la photo ! J'suis trop impatiente de la mettre pour aller au bal demain soir avec toi…

Le sourire de Marine s'élargit.

— Vomi-craché-juré ? demande la blondinette, naïve et pleine d'espoir.

—Vomi-craché-juré, répète Wendy en hochant la tête et en croisant les doigts, ce qui n'est pas facile avec des ciseaux dans les mains.

Marine saute du lit, referme d'un coup sec la porte du placard dans un bruit de gamelles infernal et chope la paire de ciseaux que sa sœur tentait de cacher depuis cinq minutes.

— Ok ! Alors t'auras tout le temps de l'essayer demain ! clame la gamine.

Elle adresse un clin d'œil complice à sa grande Sister et la pousse vers la sortie.

— Allez, bonne nuit, entend Wendy juste avant que ne claque la porte et que les rayons laser de l'alarme se remettent à bourdonner.

Elle étouffe un cri de rage en entrant dans sa chambre, impatiente de se jeter sur son lit et de hurler dans son oreiller de colère et de désespoir.

5 - Filature

Au petit matin, pour récupérer des émotions de la nuit, Marine se prépare une énorme tartine. Sur une tranche de pain, la gamine a étalé de la confiture, du miel, du beurre, du camembert, du ketchup et des cornichons.

— Miam, fait-elle en louchant sur son sandwich. Avec ça, je vais prendre des forces pour la journée ! Et j'vais pouvoir danser au bal toute la nuit !

Cachée derrière la porte de la cuisine, Wendy surveille les faits et gestes de sa sœur. Avec ses lunettes noires, son écharpe, son grand manteau et son bonnet de ski, elle passe inaperçue. Du moins c'est ce qu'elle espère.

Se planquant un peu plus dans un coin du couloir, elle dégaine son téléphone portable dont elle se sert comme un talkie-walkie.

— Ok, Sammie ! chuchote-t-elle. Boulet occupé ! Rendez-vous dans 5 minutes !

Wendy raccroche et passe à toute vitesse et en silence devant la porte de la cuisine.

Marine, qui s'apprête à ne faire qu'une bouchée de son sandwich, « sent » sans vraiment la voir sa grande sœur qui déguerpit.

Elle se retourne. Personne !

Elle se précipite à la fenêtre. Sa Sister, dans un déguisement ridicule de nespionneuse, s'éloigne en rasant les murs pour ne pas se faire repérer alors qu'on ne voit qu'elle.

En moins de deux, Marine pose sa tartine et file aux trousses de Wendy.

La petite Sister se transforme alors en James Blonde à bouclettes. Elle avance à quatre pattes derrière les voitures garées le long du trottoir, jetant un œil de temps à autre au travers des vitres pour voir où se rend Wendy. Elle utilise tous les trucs et astuces qu'elle a lus

dans les magazines de BD qu'achète Papa ou qu'elle a vus dans les films de nespionnage. Elle se glisse dans l'ombre d'un tronc d'arbre, serpente derrière un bosquet, se coule dans le coin d'une fontaine.

De temps en temps, Wendy décèle une présence néfaste qui la suit à la trace, mais elle a confiance en son camouflage. Personne ne peut la reconnaître. Pourtant, elle se retourne parfois quand la présence se fait trop proche.

De l'autre côté de la rue, Marine a tellement plus d'expérience que sa sœur dans le déguisement et l'esquive qu'elle n'hésite pas à sauter dans une bouche d'égout ou à grimper à un arbre pour disparaître aux yeux de sa Sister.

Arrivée au skatepark, Wendy accélère le pas pour rejoindre Sammie qui l'attend sur un banc. L'ado ouvre de grands yeux quand elle découvre sa cop's accoutrée de cette façon.

— Euh… attends ! Me dis rien… fait-elle mi-amusée, mi-incrédule. T'as si peur que ça de ta Sister. J'hallucine quand même. C'est rien qu'un petit microbe !

D'un geste, Wendy fait taire sa copine.

Angoissée, elle jette des regards suspicieux autour d'elle.

— Marine, c'est un gros virus, ouais ! La peste et le choléra déguisés en blonde ! Elle croit que je vais m'habiller comme la reine des quiches ! Quand elle va comprendre qu'elle se met le doigt dans l'œil, je te raconte même pas comment elle va disjoncter !

Sammie lâche un petit rire en ouvrant son sac. Décidément, les relations entre Wendy et Marine l'amuseront toujours.

— En attendant, regarde ce que je t'ai apporté. Elle déchire grave, tu trouves pas ?

Elle déplie devant une Wendy médusée derrière ses lunettes noires une magnifique robe de soirée.

— Waow ! s'exclame Wendy. Merci Sammie, t'es géniale ! Avec une robe comme ça, on ne va voir que moi sur la piste de danse !

Rampant comme un boa affamé et silencieux, Marine s'approche des deux ados et se cale derrière un muret. De là, elle ne loupe rien de la conversation entre Sammie et Wendy. Et ce qu'elle entend la met dans une colère froide, mais néanmoins vachement grande !

— Et ta sœur, comment elle va réagir quand elle verra que tu l'as pas mise, sa robe ? demande Sammie.

— Elle le verra pas, répond Wendy avec un sourire entendu et inquiétant. Je vais m'arranger pour qu'elle ne vienne pas au bal, la morpionne !

Sammie a un sérieux doute sur la réponse de Wendy. Elle connaît les Sisters par cœur, et elle est sûre que la terre de Pom-les-Bains va trembler si les deux frangines s'entêtent à se crêper le chignon.

Derrière son muret, Marine semble d'accord avec Sammie. Elle ne décolère pas et est prête à déclencher un cataclysme si Wendy la met de côté pour le bal de l'été.

— Espèce de trahisseuse ! grogne-t-elle. Tu vas la mettre quand même, ma robe de princesse ! C'est moi qui te le dis !

6 - Sous les verrous

La voiture de Papa ressemble à la créature qu'il essaie de faire entrer dans le coffre. Elle est cabossée sur un côté, la peinture est rayée (souvenir d'une rencontre avec le vélo de Marine) et le coffre ferme grâce à un morceau de corde. Mais Papa y tient, et comme il aime à le répéter, elle lui rend de sacrés services. Et puis, elle est si grande que quand la famille part en vacances, ils peuvent faire entrer toutes les valises. Et plus Wendy grandit, plus elle en a, des valises !

Le soleil est déjà bas dans le ciel quand Papa charge les derniers cartons contenant son déguisement et les éléments du mannequin qu'il a mis toute la nuit à terminer. À n'en pas douter, les visiteurs de la kermesse vont attraper des sueurs froides en découvrant l'immense créature du Docteur Frankenstein.

Papa claque le coffre, se retourne et prévient :

— Marine ? Wendy ? Je pars installer mon stand à la kermesse. Vous me rejoignez là-bas plus tard ?

Les trois questions n'appellent pas forcément de réponse, mais il entend quand même hurler les filles :

— Ouiiiiii, P'pppppa !

Il grimpe au volant de la vieille voiture, met le contact et démarre dans un nuage de fumée brune. À une vitesse ridiculement faible, il se lance à l'assaut de la préparation de la kermesse de l'été de Pom-les-Bains.

Dans la salle de bains, Wendy s'applique à composer un maquillage discret, comme Maman le lui a montré. Pas trop de couleurs pour ne pas ressembler à un clown, pas trop charger les yeux en crayon pour ne pas avoir l'air d'un panda et pas trop de rouge à lèvres pour ne pas qu'on la confonde avec un camion de pompier. Bref, le maquillage, comme dit Maman, c'est par petites touches.

Mais le resultat est loin d'être aussi bien que ce qu'elle imaginait. Elle ressemble plus à une affiche pour un cirque qu'à une gravure de mode !

Elle se démaquille en pestant. Elle n'a plus le temps pour un maquillage de soirée. L'heure tourne et il faut absolument qu'elle se débarrasse de sa Sister.

Elle sort de la salle de bains en râlant, descend les escaliers et file mettre la dernière touche à son plan pour se débarrasser définitivement de sa sœur.

Dans sa chambre, Marine met elle aussi la dernière touche à son plan pour accompagner coûte que coûte sa sœur au bal de l'été. Elle a enfilé sa robe de princesse et s'admire dans le grand miroir de son armoire. Décidément, elle est vraiment toute mignonne, et quand sa sœur aura mis la sienne, elles vont faire un effet d'enfer devant tous les jeunes de Pom-les-Bains.

Elle s'empare du carton et file dans la chambre de Wendy. Elle le dépose délicatement sur le lit et appelle :

— Ça y est, Wendyyyy ! Tu peux venir essayer ta robe de princesse !

Mais son invitation reste sans réponse. Tant pis ! Elle ouvre le placard de Wendy et admire la robe de Sammie qui attend sur un cintre. La petite fille se met à sourire, mais pas d'un sourire de petite fille, non ! Un sourire de démon des enfers !

En quelques secondes, elle met à exécution son plan diabolique. C'est alors qu'elle entend la voix de Wendy :

— Marinouuuu ? C'est l'heure du goûter ! Je t'ai préparé des cornichons à la chantilly.

La blondinette se précipite à la fenêtre. Dans le jardin, Wendy a installé une petite table ronde au pied d'un arbre. Avec une bombe de chantilly, elle déverse une bonne dose de crème sur une assiette de cornichons.

— J'en veux ! J'en veux ! J'en veux ! s'exclame Marine en s'élançant dans l'escalier.

En attendant que la blondinette déboule dans le jardin en reniflant comme un chien de chasse, Wendy se planque derrière l'arbre. Elle saisit une corde qui pend d'une

branche et attend que sa Sister repère l'assiette. La gamine se jette dessus pour s'empiffrer de cornichons comme si elle n'avait jamais rien mangé d'aussi bon.

— Surrrprise ! s'écrie Wendy en lâchant la corde.

Une grosse bouée de plage gonflée à bloc, suspendue dans l'arbre au-dessus de Marine, tombe sur la gamine et lui maintient les bras le long du corps.

Wendy tire d'un coup sec sur la corde. C'est un peu lourd, mais en y mettant toutes ses

forces, elle soulève la blonde à bouclettes à cinquante centimètres au-dessus du sol.

— Hééé ! Espèce de pourrite ! Descends-moi de là tout de suite ! hurle la gamine coincée.

La grande surgit de derrière l'arbre en ricanant :

— Jamais je la mettrai, ta robe de quiche ! Tu piges ça dans ta petite tête de blonde ?

Elle file, laissant Marine se balancer dans sa bouée au bout d'une corde.

— J'vais le dire à Maman et tu seras punite !

Wendy ne l'entend déjà plus. Elle grimpe les escaliers quatre à quatre pour aller enfiler la superbe robe de Sammie.

Mais elle freine des quatre fers quand elle entre dans sa chambre et qu'elle découvre son armoire entourée de chaînes maintenues par un énorme cadenas.

— Ah, la petite peste, rugit-elle. Elle va voir ce qu'elle va voir !

— T'as pas le droit de faire ça ! hurle Marine en tournant sur elle-même.

Elle aurait voulu marcher sur ses deux jambes, mais Wendy a préféré la faire rouler, coincée dans sa bouée. Elle a le tournis, elle a envie de vomir comme quand ils partent en vacances dans la vieille voiture de Papa et, surtout, elle a envie de se jeter à la gorge de Wendy pour lui faire regretter la situation.

— La clé du cadenas ou je te lâche dans la descente, prévient Wendy.

Les deux Sisters se tiennent en haut d'une rue qui dévale à pic vers le skatepark. Si Wendy lâche la bouée, à coup sûr Marine va faire trois mille tours sur elle-même et les cornichons à la chantilly vont sortir de son estomac. Pourtant Marine n'a pas l'intention de céder et elle veut bien tenter le coup.

— Même pas peur ! Si tu me lâches, t'auras jamais la clé, tu pourras jamais ouvrir ton armoire et tu finiras ta vie en culotte !

— Grrrrr ! Elle va me faire péter un câble !

Wendy a tenté de jouer la partie au bluff, mais Marine semble bien décidée à ne rien lâcher. Si elle continue à menacer sa Sister, la blondinette va se renfrogner, elle ne va plus rien dire à part quelques grognements et un peu de bave. Ça va durer des heures et des heures. En plus, le soleil va se coucher dans pas longtemps. La fête de l'été va commencer. Et surtout Wendy n'est toujours pas prête.

Alors, elle craque :

— T'as gagné, crampon ! fait-elle en tirant sur le bouchon de la bouée qui se dégonfle dans un « pschhh ».

Marine lui tend la clé du cadenas.

— M'en fiche, de toute façon. Tu verras, tu seras bien obligée de la mettre ma robe de princesse ! Nananèreu !

Wendy ne juge pas la peine de rétorquer quoi que ce soit. Elle n'a plus le temps pour ces bêtises. Elle se dépêche de retourner à la maison, de grimper dans sa chambre, de déverrouiller le cadenas, de faire tomber les chaînes et d'ouvrir l'armoire. Elle sort la tenue de Sammie. Enfin, elle va pouvoir revêtir sa tenue de reine du bal.

Mais son immonde Sister a découpée la jolie tenue dans tous les sens avec des ciseaux. On dirait les ribambelles de papier qu'elle faisait à l'école.

Sa mâchoire tombe de quelques centimètres. Elle imagine sans aucun mal Marine et son sourire de démon se mettre à l'œuvre avec ses ciseaux et sent un cri animal lui monter dans la gorge.

— Marrrriiiiiiiiine ! J'vais te défriser les bouclettes !

7 - La grande bagarre de l'été

La musique résonne. Les lampions clignotent. Les gens dansent, s'amusent. Des enfants courent partout. Des adultes discutent et des ados rient. Désormais, la fête de l'été bat son plein dans le parc.

Papa a terminé d'installer son stand du parcours électrique sur une grande planche posée sur des tréteaux. Le monstre gigantesque est relié au fil métallique, prêt à terroriser les joueurs les plus aventureux quand il s'animera.

Papa a revêtu son costume de Docteur Frankenstein. Il a enfilé une blouse blanche et déposé sur son nez une paire de lunettes de soudeur qui lui fait des yeux globuleux. Pour parfaire le déguisement, il a mis un stéthoscope autour de son cou.

— Y a plus qu'à brancher la créature ! dit-il en reliant son attraction à la prise électrique.

Un léger vrombissement se fait entendre quand l'électricité passe dans le parcours métallique.

À quelques pas de là, Maxence et Sammie regardent le papa des Sisters mettre la touche finale à son installation. Wendy n'est pas encore apparue. Maxence n'en peut plus d'attendre, mais Sammie le rassure. Elle sait que sa cop's va faire un effet d'enfer avec la robe qu'elle lui a prêtée.

Tout à coup, Marine arrive à la fête dans une tenue de princesse ridicule, les cheveux relevés haut sur sa tête et maintenus par un diadème bardé de strass.

— Eh, Cendrillon, l'interpelle Maxence avec ironie, tu n'aurais pas vu ta Sister ?

Marine freine net et se fige devant Maxence. La mine renfrognée, elle s'arc-boute sur ses petites chaussures roses.

— J'te f'rais dire que je suis pas Sangrillon ! Je suis l'impératresse-princisse du Nunivers ! Et d'abord…

— MARRIIIIIINNNEEE !

Un cri gigantesque vient l'interrompre. Il faut dire qu'il est assez fort pour couvrir la musique, les rires des enfants et les discussions des parents. Même les ados de la fête relèvent la tête, alors que d'habitude, ils se fichent de ce qu'il se passe autour d'eux.

Wendy déboule en courant. Elle fulmine, elle grogne, elle crache de colère. Sammie est surprise qu'elle ne porte pas la belle robe de soirée, mais un simple t-shirt et un pantalon. La robe, elle la tient dans sa main serrée à s'en faire exploser les phalanges.

— Je vais te cramer la couenne, princesse Neuneue ! hurle Wendy, des éclairs dans les yeux.

Marine fait volte-face et lance le même regard à sa sœur.

— Neuneue toi-même ! J'ai pas peur de toi, espèce de courgette trahisseuse !

— Comment je vais expliquer ça à Sammie, moi ?

Wendy déplie la robe que son amie lui a prêtée, du moins ce qu'il en reste. Le vêtement est déchiqueté, découpé, réduit à un haillon. Sammie pousse un cri d'effroi, les mains sur sa bouche.

— T'avais vomi-craché-juré de mettre la robe de princesse, se défend la petite blondinette.

— Ah ah, répond Wendy, triomphante. Mais j'avais croisé les doigts !

— C'est de la triche, ça, rétorque Marine.

En plissant les yeux à la façon d'un samouraï, Marine déplie son éventail de princesse d'un coup sec et le place devant elle, comme elle le ferait avec une arme. Wendy se met instantanément en position à la manière des combattants des films de kung-fu que Maxence adore regarder à la télé.

Mais pour l'instant, le pauvre Maxence préfère se cacher avec Sammie derrière un banc. Ça sent le grabuge entre les deux frangines. Les deux combattantes se jaugent du regard et ce que Sammie et Maxence comprennent, c'est que ça risque de faire plus de bruit que le feu d'artifice prévu pour la fin du bal.

La petite pousse des cris d'aigle blessé, alors que la grande feule comme un tigre. Aucune ne fait pourtant un mouvement d'attaque vers l'autre. Le temps paraît suspendu, chargé de plus d'électricité que l'attraction de Papa.

— Je vais t'atomiser, prévient Wendy-san.

— Tu te prends pour qui, 'spèce de tortue ninja molle de la carapace ? grogne le petit scarabée à bouclettes.

C'est alors, qu'une fraction de seconde, Wendy fonce sur sa Sister en poussant un cri de la mort qui tue :

— Yiaaaaaaah !

Quand le samouraï Wendy a des dents comme ça, ce n'est plus le moment de faire de l'esbroufe et de faire croire qu'on maîtrise le karaté, le kung-fu ou n'importe quel autre art martial. La seule solution qui arrive à l'esprit de Marine, c'est la solution la plus sage :

— Aaaaaaah ! Papa ! Au secours ! se défend la mini-ninja en prenant ses jambes à son cou en direction du stand du Docteur Frankenstein.

Derrière son fil et son arceau, Papa harangue la foule à la façon des bonimenteurs des fêtes foraines de l'ancien temps, en se forçant à prendre un accent allemand.

— Approchez, messieurs-dames ! Venez défier le Docteur Frankenstein à son jeu électro-terrifiant ! N'ayez pas peur !

À chaque fois que l'arceau touche le fil, un éclair bleuté s'échappe avec un CRICHCHCH électrique. Les ampoules enfoncées dans les yeux de la créature se mettent à clignoter. Le mannequin ouvre la bouche et un grognement monstrueux s'en échappe. Ça fait un bruit d'enfer !

Enfin… du moins jusqu'à ce qu'il soit couvert par les hurlements de Marine, qui déboule poursuivie par une Wendy hors d'elle.

— Papa ! Papa ! Elle veut me…

Mais elle n'a pas le temps de terminer son explication. Wendy la plaque aux jambes comme un joueur de rugby. Elles partent toutes les deux en roulés-boulés droit sur le stand. Telles deux boules de bowling, elles envoient valser l'attraction du Docteur Frankenstein. L'électricité s'affole, le monstre clignote des yeux à toute vitesse… puis plus rien.

La musique s'arrête, toutes les lumières s'éteignent, les gens s'arrêtent de danser. La fête est plongée dans le noir complet.

— J'y crois pas, elles ont explosé la fête, fait Sammie en sortant de sa cachette accompagnée de Maxence.

— Mon stand, gémit Papa.

Il est dépité en regardant l'état déplorable de son attraction. Le fil électrique est tout tordu et le monstre semble mort, certainement électrocuté.

— Marine, Wendy ! Vous avez vu ce que vous avez fait, lâche Papa, maintenant en colère.

Les deux filles enchevêtrées l'une à l'autre prennent soudain conscience de ce qu'elles viennent de provoquer. Elles vont avoir du mal à donner une explication. Pourtant, Papa a les yeux de celui qui en attend une. Et vite. Alors

la seule qui leur vient à l'esprit, c'est de pointer un doigt vers l'autre :

— C'est de sa faute à elle, s'excusent-elles en chœur.

Derrière elles, il y a un dernier petit éclair électrique. La tête de la créature-mannequin tombe et roule jusqu'aux pieds des Sisters. Un de ses yeux continue de briller, puis s'éteint.

Les badauds qui se sont attroupés poussent des « oh » de désespoir. Une colère semble se propager parmi eux.

Même si Papa n'est pas content, il se reprend, en retrouvant d'ailleurs son accent allemand.

— Ach ! Pas d'affolement, messieurs-dames ! Le Docteur Frankenstein va arranger ça.

Il se dirige à l'arrière de son stand, trifouille dans un boîtier et traficote les branchements.

— C'est de ta faute si le stand de Papa est cassé, s'emporte Wendy une nouvelle fois, comme si rien ne s'était passé.

— Rhooo, l'autre ! Même pas vrai, renchérit Marine. C'est toi qui m'as sauté dessus comme une grosse maboule du cerveau !

Spectateurs incrédules de cette nouvelle prise de bec, Sammie et Maxence se regardent, désolés. L'adolescente décide alors de s'interposer pour ne pas que ce soit, cette fois, la ville tout entière qui succombe à la crise des Sisters.

— Ça suffit, vous deux ! Y en a ras la casquette de vos disputes ! À cause de vous, la fête est complètement gâchée !

Les Sisters s'aperçoivent qu'un attroupement de gens mécontents s'est formé autour d'elle.

— Et je vous parle même pas de ma robe, continue Sammie en exhibant le torchon qui aurait dû aider Wendy à être la plus belle pour aller danser.

« Elle a tellement raison », se dit Wendy. « Tous ces gens sont venus pour s'amuser et nous, on les en empêche. On va s'excuser devant tout le monde, leur dire qu'on est… »

— On se dispute si on veut, crache Marine à l'attention de la moralisatrice Sammie, coupant Wendy dans ses pensées. C'est pas tes oignons ! Pas vrai, Wendy ?

Marine se serre contre sa grande Sister.

— Carrément, ouais, fait Wendy, complice. On adore se disputer. Tu vois quelque chose à dire à ça ?

C'est vrai quoi ! La famille, c'est sacré ! On n'attaque pas les Sisters comme ça.

— Ouais, continue Marine, parce qu'après la disputation, on s'adore encore plus !

Maxence, Sammie et tous les gens de la fête regardent abasourdis les deux sœurs qui se crêpaient le chignon deux minutes auparavant et qui maintenant se cajolent.

— Laissez tomber, explique alors Wendy. Vous pouvez pas comprendre !

Maxence jette un œil à Sammie. Décidément, ces deux filles sont complètement dingos. En un regard, Sammie le lui confirme. Chez les Sisters, c'est comme pour a créature de Frankenstein, il y a souvent deux fils qui se touchent et ça fait des étincelles.

D'ailleurs, en parlant d'étincelles, c'est à ce moment que Papa réussit à remettre l'électricité partout dans la fête.

— Ça va, finalement ce n'était rien, explique-t-il aux badauds. C'était juste les plombs qui avaient sauté.

Il enclenche l'interrupteur. Les lumières se rallument et la musique redémarre. Tout le monde semble satisfait et retourne sur la piste de danse, comme si tout ce qui venait de se passer n'était déjà plus que de l'histoire ancienne.

En quelques secondes, le Docteur Frankenstein replace la tête de sa créature sur ses épaules. Le monstre tressaute, grésille, soubresaute, grogne puis rouvre les yeux. Il est revenu à la vie, prêt à amuser de nouveau les fêtards.

— Que le jeu reprenne, s'exclame le Docteur fou d'électricité.

Wendy sourit à Marine et lui dépose un énorme baiser sur le front. Elle lui prend la main et désigne la piste de danse d'où provient la joie des gens qui font la fête.

— On va danser ?

— Tu veux bien ? demande Marine.

— Mais oui, bien sûr. Viens, on va s'éclater.

— Je t'adore, Wendy. T'es ma Sister préférée.

— Toi aussi, Marinou, t'es ma Sister préférée.

Les deux sœurs se dirigent vers la piste de danse sous le regard incrédule, mais attendri, de Maxence et Sammie. Décidément, elles sont incroyables les Sisters.

— Et tu veux bien mettre ma robe de princesse ? entendent-ils Marine demander à Wendy ?

— Oh là là, non ! s'exclame la grande. Jamais de la *life*. Dis donc, Marinette, tu ne serais pas un petit peu têtue ?

— Eh, tu m'insultes, là ?

Maxence et Sammie se dépêchent de rejoindre les deux filles. Ce n'est certainement pas le moment qu'elles gâchent la fête. Pas encore une fois.

Les Sisters
en BD, c'est nikol crème !
Retrouve les 12 tomes de la BD en librairie !
MMMUUUM... MIAM KRO BON CE CROISSANT CONFITURE MAYONNAISE SAUCISSON À L'AIL.
PIPI
PROUT PROUT
YOOOUHOOU...
CACA

La cuisine des Sisters
En compagnie des Sisters, apprends à préparer facilement de délicieuses recettes !
● 11 recettes originales
● des planches de BD
● des conseils de cuisine
Les Toutous des Sisters
Découvre 11 races de chiens au poil !
Les Sisters
Mode d'emploi
Retrouve l'univers des Sisters dans un guide illustré !
TIP TIP TIP TIP TIP
Les Super Sisters
Les aventures délirantes de Wendy et Marine dans des mondes imaginaires.
2 tomes disponibles

Imprimé et relié en Italie
chez STIGE

PREMIÈRE ÉDITION
Dépôt légal : février 2018

ISBN : 978-2-8189-4363-2

*Loi n°49-956 du 16 juillet 1949
sur les publications destinées à la jeunesse
modifiée par la loi n°2011-525 du 17 mai 2011.*